Von dem übeln wîbe

I0636566

Herausgegeben

von

KARL HELM

MAX NIEMEYER VERLAG TÜBINGEN 1955

ALTDEUTSCHE TEXTBIBLIOTHEK

BEGRÜNDET VON HERMANN PAUL †

HERAUSGEGEBEN VON HUGO KUHN

Nr. 46

Printed in Germany

Satz und Druck: Ferd. Oechelhäusersche Buchdruckerei Kempten/Allgäu.

Einleitung

I. Bibliographie (chronologisch) mit Angabe der hier benutzten Abkürzungen. (im Apparat kursiv gesetzt).

A = Ambraser Hs.

B. = Das puech von dem übeln weibe. Ausg. von Jos. Bergmann. Jahrbücher für Literatur, Anzeigeblatt, Bd. 94. Wien 1841.

H. = Von dem übelen wîbe. Ausg. von M. Haupt, Leipzig 1871. Dazu die Besprechung im Litterar. Centralblatt (Cbl.) 1871, Sp. 1238f.

Bch. = F. Bech, Germania 17 (1871), S. 41—50.

H Z. = M. Haupt, ZfdAlt. 15 (1872), S. 467.

Bo. = L. Bock, Wolframs v. E. Bilder für Freud und Leid. QF. 33 (1879).

Hm. = K. Helm, PBB. 34 (1909), S. 292—306.

Br. = Fr. Brietzmann, Die böse Frau in der deutschen Literatur des Mittelalters (Palaestra 42), Berlin 1912.

Sch N. = E. Schröder, Nachr. d. k. Gesellschaft d. Wissenschaften zu Göttingen, phil.-hist. Kl., 1913, S. 88—-101.

Sch. = Zwei altdeutsche Schwänke: Die böse Frau. Der Weinschwelg. Ausgabe von E. Schröder, Leipzig ¹1913, ²1919, ³1935.

R. = W. Richter, Besprechung von Schröders Ausgabe (1913) in Herrigs Archiv f. d. Studium der neueren Sprachen 134, S. 156ff.

W. = A. Wallner, PBB. 40 (1915), S. 137—145.

C. = L. Campion, Modern Philologie XX (1923), S. 335f.

Sch A. = E. Schröder, AnzfdAlt. 46 (1927), S. 81.

Ehr. = G. Ehrismann, Geschichte der deutschen Literatur bis zum Ausgang des Mittelalters. Schlußband, S. 115 u. Anm. 1, München 1935.

II. Der Schwank *Von dem übeln wîbe* ist uns nur in
der Tiroler Sprache des angehenden 16. Jhs. über-
liefert durch die von dem Bozener Zollner Hans Ried[1])
für Kaiser Maximilian I. geschriebene große Ambraser
Hs. (jetzt Wien XX a, Nr. 118), Blatt CCXV^r bis CCVI^v.
Als Heimat des Originals ist, vor allem aus dem
Wortschatz, längst ebenfalls Tirol erschlossen. Ent-
standen ist es aber bereits etwa um die Mitte des 13. Jhs.,
wenig später als der dem Verfasser gewiss bekannte
Meiêr Helmbrecht. Wie in den Ausgaben von Haupt
und Schröder ist deshalb das Gedicht auch hier in einer
Sprachform wiedergegeben, die der genannten Heimat
und Entstehungszeit entspricht. Das ist zwar nicht in
allen Einzelheiten mit voller Sicherheit möglich, doch
gibt es genug Anhaltspunkte an Stellen, wo die Form
der Vorlage noch durchschimmert.

Denn die Hs. ist zweifellos eine Abschrift. Das hat
für einige ihrer Teile (Biterolf, Dietrichs Flucht und
Rabenschlacht, Erec und Herrand von Wildonie) Zin-
gerle[2]) nachgewiesen; für unser Gedicht ergibt es sich
aus den Fehlern in v. 87. 282. 323. 382. 490. 517, aus
dem mangelhaften Verständnis von v. 719 und den von
Wallner als „Unwörter" bezeichneten Formen *wachts*
(312), *drumbzay* (404), *durschs* (460), *ze lugke* (748).

Nicht selten entscheidet die Metrik über eine im Vers
zu wählende Ausdrucksweise, beispielsweise in v. 73. 84.
101. 137. 317. 400. 550, häufiger noch über den Gebrauch
von Vollformen, apokopierten oder contrahierten For-
men in der Flexion oder bei Partikeln und Präpositionen
(*unde — und, mite — mit, gegen — gên* usw.).

Endlich geben neben der großen Mehrzahl völlig neu-
traler Bindungen die folgenden Reime für zweifelhafte
Fälle Auskunft über die im Original gebrauchten Formen:
rucke : Insbrucke 552; *Piramus : sus* (die Hs. schreibt
sonst stets *sust*); *lie : hie* 808; *gie : ie* 591, : *nie* 443, : *knie*
735 (also wohl auch *gie : vie* 783).

Schwieriger liegt die Sache bei den Reimen auf das

---

¹) Über ihn s. Schönherr, Germania IX, S. 381—384.
²) ZfdAlt. 27, S. 136—142.

Pronomen *sie* (eam), in der Hs. im Reim einmal durch
sy wiedergegeben 773, in den anderen Reimen mit
Diphthongierung durch *sey : prey* 333,: *drey* 251. 283.
569. Es kann darnach bei dem metrischen Bau der
Verse kein Zweifel daran sein, dass 251 *si*, in den andern
Fällen *sie*[1] gereimt wird. Ich habe aber die Form *sie*
nicht in das Versinnere übernommen, sondern bin wie
Haupt und Schröder bei *si* geblieben, dessen Länge
auch durch diese Reime gesichert ist[2]).

Die Verse 199 f. ergäben nach der Hs. einen Reim
e : ë, den Haupt beibehält. Da eine solche Bindung vor
r in der bayrisch-österreichischen Mundart aber auch
in späterer Zeit noch gemieden wird (Zwierzina ZfdAlt.
44, 251 ff.), wird man also das von Schröder für 275
vorgeschlagene *gevert* annehmen müssen, obwohl das
Verbum als Transitivum selten ist.

Schwanken der Hs. ohne erkennbaren Grund, das der
Sprache des 13. Jhs. nicht widerspricht, muß in Kauf ge-
nommen werden, so wenn dreimal die Form *béde* ge-
braucht wird (37. 238. 766) neben häufigerem *beide*.

Überall wo so in Zweifelsfällen aus der Überlieferung
eine Entscheidung nicht möglich ist, liegt diese bei dem
uns wohlbekannten Sprachgebrauch der Literatur des
13. Jhs. Das gilt besonders auch für einige Fälle der
Syntax, z. B. für den Gebrauch des neutralen Plurals
bei Beziehung auf Personen verschiedenen Geschlechts,
den Gebrauch der starken Form beim Possessiv und der
verallgemeinernden Formen wie *swer, swie* usw., die der
Sprache des 16. Jhs unbekannt geworden sind.

Unberücksichtigt blieb selbstverständlich ortho-
graphisches Schwanken, wenn es nur für die Sprache
des 16. Jhs., nicht auch für das 13. Jh., Bedeutung hat,
mag es auch für seine Zeit interessant sein. Um ein
Bild der Schreibweise der Hs. zu geben, ist dem Text
ein orthographisch genauer Abdruck von Vers 1 bis 36
vorausgeschickt.

---

[1]) Über *sie* und *drie* vgl. Schirokauer PBB. 47, S. 67 ff., 73 ff.
[2]) Diese Form auch in den Reimen durchzuführen, würde
in vier Fällen einen starken Eingriff in den metrischen Bau der
Verse nötig machen, der kaum berechtigt wäre.

III. Abweichungen von der Hs. sind im Text in kursivem Satz wiedergegeben, außer wo es sich um inhaltlich belanglose Differenzen handelt. Solche sind auch im Apparat mit geringen Ausnahmen nicht verzeichnet. Dagegen sind abweichende Lesarten früherer Ausgaben und abweichende Vorschläge in früherer Literatur aufgenommen. Abweichende Interpunktion früherer Ausgaben ist in den Apparat aufgenommen, wenn ihr eine andere Auffassung des Textes zugrunde liegt.

Auf einige wichtige Stellen zur Texterklärung wird im Apparat gleichfalls hingewiesen.

Aus technischen Gründen wurden Typen wie ủ, ů, ẻ durch ein gewöhnliches u oder a wiedergegeben.

Das puech von dem vbeln weibe

E s was ein suesse stunde. da got der Ee
begunde. damit der man vnd sein
weib. baide seel vnd leib. vor got sullen
behaltn. vnd des himelreichs walten.
phlegent sy der rechten ee. so wirt jn
an der sele wee. nymmer in der helle
grunt. das ist mir von den puechern
kundt. got sey es gelobt mit meiner
konen. wil ich nicht ze helle wonen. es mag wol wesen
ain leib. baide ich vnd mein weib. secht ob das sey ein
trew. mein freud ist jr rew. jr rew ist mein wunne. got
vnns baiden gunne. daz wir muessen lange leben. Jr
wart vil nach mit mir vergeben. dawider gab sy mir
ein tranck. daz mir nacht vnd tag was lanng. seyt die
weil ich han den leib. die vergifft gab mir mein weib.
da ich bey jr vntz an den tag. nun die ersten nacht
gelag. got wil ichs ymmer clagen. da wart ein phandl
dar getragen. mit ayrn in dem schmaltze. das was mit
einem saltze. gesaltzen haysset rew. das schmaltz was
vntrew. die ayr angst vnd not. dartzv trug man vnns
ein prot. an das pet zu der phannen. das was greynen
vnd zannen.

Ez was ein süeziu stunde
dô got der ê begunde,
dâ mite der man und sîn wîp
beide sêle unde lîp
5   vor gote suln behalten
und des himelrîches walten.
phlegent siu der rehten ê
so wirt in an der sêle wê
nimmer in der helle grunt:
10   daz ist mir von den buochen kunt.
got sî es gelobt, mit mîner konen
wil ich nicht ze helle wonen.
ez mac wol wesen ein lîp
beide ich und mîn wîp.
15   seht ob daz sî ein triuwe:
mîn freude ist ir riuwe,
ir riuwe ist mîn wunne.
got uns beiden gunne
daz wir müezen lange leben.
20   ir wart vil nâch mit mir vergeben;
dâ wider gap sî mir ein tranc,
daz mir naht und tac was lanc
sît der wîle ich hân den lîp.
die vergift gap mir mîn wîp:
25   dô ich bî ir unz an den tac
niwan die êrsten naht gelac
(gote wil ichz immer klagen),

Überschrift: **Das puech von dem ubeln weibe** *A* Die
böse Frau *Sch.*   2 da *(so stets lokal und zeitlich) A*
3 damit *A* dâmit *Sch.*   5 sullen *A* sülen *H,*
suln *Sch.*   6 -reichs *A*   7 sy *A (stets)* sî *(stets)*
H. Sch. 10 puechern *A*   11 sey es *A (H.)* sîs *Sch.*
20 vergeben: *H. Sch.*   21 dawider *A Sch.*   22 tac
lanc *H.*   23 sît] ist *H.*   der] die *A Sch.*   26 nun *A*
niwan *H. Sch.*

dô wart ein phännel dar getragen
mit eiern in dem smalze;
30 daz was mit einem salze
gesalzen, heizet riuwe;
daz smalz was untriuwe,
diu eier angest unde nôt.
dar zuo truoc man uns ein brôt
35 an daz bette zuo der phannen:
daz was grînen unde zannen.
man truoc uns beiden ein môrâz
dâ von gie vil swinder wâz:
ez was getempert in ein vaz
40 beide zorn unde haz,
dar zuo gewerre unde nît,
beide *kriegen* unde strît.
daz selbe trinken trunken wir.
von dem trinken bin ich ir
45 noch hiute vînt und sî mir sam
und immer mêr einander gram.
    Daz wir zesamen komen sîn,
dar an hât mîn trähtîn
gewendet allen sînen vlîz.
50 und spriche ich ‚swarz‘, sî sprichet ‚wîz‘,
spriche ich ‚wîz‘, sî sprichet ‚swarz‘.
nu hüete sich umb den nacsnarz
swer êlîchen neme ein wîp;
daz râtet im mîn tumber lîp.
55 er hât unheiles sich versehen,
geschiht im sam mir ist geschehen.
sî ist mir ein leider nâchgebûr.
spriche ich ‚guot’, sî sprichet ‚sûr’,
spriche ich ‚sûr’, sî sprichet ‚guot’.

---

28 phännel] *Schatz, Sch.* phandl *A* phannel *H.*   31 riu-
we: *H. Sch.*   37 beden *A H. Sch.*   38 gienc *H.* gie
A   Sch.   39 getemperiert *A*   41 darzuo *Sch.*   42 haz-
zen *A H.* kriegen *SchN, S. 94 (Notbehelf).*   45 veint *A*
46 immermêr *Sch.*   an einander *A*   48 daran *A*   50 f.,
57 f., 66—69, 79—80 *Direkte Rede: Hm. 292.*   52
sich *A (von H. getilgt) Zu* nacsnarz *s. Bch., S. 41 f.*
53 wîp: *H. Sch.*   54 ractet *Sch.*

60 wir haben ungelîchen muot.
    seht ob daz sî ein rehtiu ê:
    swaz mir tuot wol daz tuot ir wê,
    swaz ir tuot wê daz tuot mir wol.
    swenne ich bî ir wonen sol,
65 sô tæte sanfter mir der tôt.
    spriche ich ‚gel’, sî sprichet ‚rôt’,
    spriche ich ‚rôt’, sî sprichet ‚gel’;
    spriche ich ‚laz’, sî sprichet | ‚snel’, 215ᵇ
    spriche ich ‚snel’, sî sprichet ‚laz’.
70 also trage wir immer haz,
    ich gên ir und sî gên mir.
    slah ich sî eines, sî sleht mich zwir.
        Swaz ie daz *ein und* ander tuot,
    daz dunket uns dewederz guot.
75 sî ziuhet hin, ich ziuhe her.
    wâfen hiute und immer mêr
    der nœte die ich hân von ir!
    dâ mite sî lîden muoz mit mir.
    spriche ich ‚guot’, sî sprichet ‚übel’,
80 spriche ich ‚krump alsam ein swübel’,
    sî sprichet ‚*sleht* alsam ein zein’;
    spriche ich ‚herter danne ein stein’,
    sî sprichet ‚weicher danne ein blî’.
    seht *welh* geselleschaft daz sî.
85 sprich ich ein wort, sî sprichet driu;
    gên vier worten sibeniu
    kan sî unnützes klaffen.
    unsælic sîn die phaffen,
    der bâbest, *die* kardinâle
90 si*ne* erlou*ben* z*einem* mâle

61 ê. *H.*   63 swaz] das *A H.*   64 wann *A* wonen
A Sch.] tûren *H. Nach* 64 *Zusatz* vnns’ baider trew also
wesen sol *A* (*Daraus erschließt H.* sein tûren *in v.* 64)
70 trag *A* 72 ich sî] ichs *H. Sch.* ainest *A H.* eins *Sch.* 73
ein und *Sch.*] *fehlen A H.*   74 dhainweders *A*   76 im-
mermêr *Sch.*   78 dâmit *A Sch.*   80 *Bch. S. 43 f.*
81 sleht *SchN. Sch.*] reht *A H.*   84 welh *Sch N.*] wie
ein *A H.*   selleschaft *H.*   87 kan sî *H. Sch.*] kanst *A*
89 die *fehlt A*   90 sy erloubten zu einem *A*

wandel iegelîchem man.
swie ich der buoche niene kan,
ich hân doch tiutsche gelesen,
ez möhte ein man *sus* baz genesen,
95 behalten sêle unde lîp,
danne ob er ein übel wîp
sol haben unz an sînen tôt.
daz *ist* zweier hande nôt,
der sêle und ouch des lîbes:
100 des sînen übelen wîbes
gefreut er sich *niht* halben tac
und dar zuo der sêle slac:
der vergizzet er vor zorne;
des ist sî diu verlorne.
105   Und hieze mich nieman affen,
sô wolte ich mit den phaffen
gern*e* zallen zîten
umb die warheit strîten
(swaz aber ich dar umbe erlite,
110 daz mich des nieman überstrite
prôbst, abbet *noch* pharrære),
michel bezzer wære
sô getâniu ê verkorn,
dan mit übelm wîbe d*iu* sêle verlorn.
115 ich rede ez niht von mîner nôt:
dem selben wære ein kurzer tôt
noch bezzer snelliclîche erliten
danne ob er in riuwen siten
müeste leben drîzic jâr:
120 *w*ande er in riuwen vâr
sich nider leget und ûf stât,
in riuwen sitzt, in riuwen gât,

92 puecher *A* 93 gelesen: *Sch.* 94 sus *H. Sch.*] sust *A*
98 ist] sint *A H. Sch.* 101 freut *H.* nimmer *A H.*
102 dar zuo *Sch.* 104 die *A* 105 ieman *Sch.*
107 gern zu *A* 109/111 *nicht in Klammern H. Sch.*
109/110 erlit: uberstrit *Sch.* 110 ieman *Sch.*
111 noch] vnd *A* 114 diu] die *A* 117 -lîch *H.*
119 muesset *A* 120 wande *H. Sch.*] vnd *A* er sich
in *Sch.* 121 sich *A H.*] von *Sch. in Vers 120 gesetzt.*

in riuwen slæft, in riuwen wachet
(sîn herze in riuwen krachet),
125 in riuwen trinkt, in riuwen izzet;
mit riuwen er vergizzet
swaz im liebes ie geschach;
sîn riuwe ist aller riuwen dach,
sîn riuwe ist aller riuwen
130 gruntveste *entriuwen.*
ich wil im riuwe senden
neben, hinden, vor, *zen* wenden.
swer mit übelen wîben nôt
sol haben unz an sînen tôt,
135 der selbe klage mir sîn leit;
sam tuon ich im mîn arbeit.
sîn herze enwære steinen,
mîn nôt muoz er beweinen,
sît er ist mîn geselle.
140 hœre waz ich im klagen welle.
 Swaz ich wil daz wil sî niht,
swaz sî wil daz geschiht
mit mînem willen selten.
und möhte ich ir vergelten
145 daz zehende leit daz sî mir | tuot, 215ᶜ
ich wære immer wolgemuot.
swenn ich mit ir gemelîchen wil,
sô sleht sî mir slege vil
ûf hende und ûf die knübele,
150 sô rehte gruntübele
als ich wæn ieman wizze.
swaz ich gerne izze,
durch nieman sî daz æze.
sî ist sô muotes ræze:
155 ob sî worden wære ein man,
noch küener wærs dan Aspriân.

124 *von Sch. eingeklammert.* 130 vntrawen *A*
132 für *HZ.* zunwenden *A* innwenden *B. H.* zen wen-
den *HZ.* 137 *Absatz A* enwære *Sch.* ware dann *A*
von steinen *A H.* (*vgl. SchN.* 91). 147 gemelîchen
A Sch.] gemeln *H.* 154 sî ist sô] sô ist sî sô *A H. Sch.*
156 war sy *A*

Dâ wider hân ich einen muot:
allez daz sî dunket guot
daz ist mir gar ein galle.
160 seht wie iu gevalle
unser beider ordenunge.
sî giht ez gê von sprunge
und sî ein anegenge;
sî wart mir nie sô strenge,
165 si*ne* werde mir noch strenger.
mir wart daz phat nie enger
daz mich gên freuden leitet;
die strâze sî mir *b*reitet
diu mich gên riuwen wîsen sol.
170 und was mir etewenne wol
und hâte an freuden werdekeit,
daz ist ze sp*elle* mir geseit.
Swer mit übelen wîben
die lenge wil belîben,
175 ich gelîche ir eines swære
für eines *der* marterære,
der durh gotes willen
sich hie bevor liez villen,
und ûz des hût man senwen sneit,
180 und die marter ûf dem rôste leit,
durch den man schôz die phîle
und die îsenînen kîle
sluoc durch fuo*z* und durch hant,
und den man durch die reder *w*ant:
185 swie man in briet, swie man in sôt,
iedoch was ez ein kurzer tôt
und nam ende in einem tage.
nach der buoche meister sage
habent sî di*z* kurze leben

157 dâwider *Sch.*   160 euch *A*   165 sine] si *A*
H. Sch. (vgl. v. 90).   167 gegen *A*   168 beraitet *A*
169 gegen *A*   170 etwen *A*   172 spelle *H. Sch.*] spile *A*
176 der *fehlt A H.Sch.*   177f. s. *Hm.*, S. 293f.   179
heuten *A*   183 fuesse *A* fuoz *H. Sch.*   184 want *Sch.*]
pant *A H. (Sch N., S. 92)*   188 puecher *A* buoch-
meister *Sch. (Vgl. W., S. 136)*   189 diz *H. Sch.*] das *A*

190 umb daz êwige *gegeben*
und sint der engel genôz.
ir marter wart nie sô grôz,
disiu *enst* verre
grœzer unde merre.
195 swer ein übel wîp hât,
er liget, sitzet oder stât,
er slâfe oder er wache,
er lebt mit ungemache.
      Wol in wart der sô gevert
200 daz im ein wîp ist beschert
dar nâch als im sîn muot gert.
den hât got vil wol gewert:
der mac die sêle wol bewarn,
wil er mit reinen zühten varn
205 hie in disem lîbe
mit sînem guoten wîbe.
tuot er allez des sî gert
ob sî in des hinwider gewert
mit triuwen nâch dem willen sîn,
210 daz ist der geloube mîn,
und habent si*u* got vor ougen
(diu rede ist gar unlougen):
die *varnt* in Abrahâmes schôz,
dâ Lucifer und sîne genôz
215 wurden von verstôzen,
dô er sich genôzen
wolte dem oberisten got.
swelh wîp ir mannes gebot
behaltet an ieglîcher stete,
220 und tuot er gar nâch ir bete
williclîchen als er sol,
di*u* lebent mit einander wol.

---

190 geben *A*   193 dise marter sey *A*   sî *H. Sch.*   194
mere *A*   199 gewert *A*   201 darnâch *Sch.*   210
mîn: *Sch.*   211 hânt *SchN.*   sy *A* sie *H. Sch.*   212
unlougen, *H. Sch.*   213 warend *A*   214/215 schosse:
genosse *A*   216 dô] die *A*   218 welches *A*   ir] irs *A*
219/220 stet: gebet *Sch.*   222 di*u*] die *H. Sch.*

ob sî vor valsche ist behuot,
hât er sô manlîchen muot
225 daz er sîne sinne
wendet von der minne
diu üppic und mit sünden sî,
sint si*u* des bêdenthalben frî,
ist ez in gar unmære,
230 für einen clûsenære
lobe ich ir beider lîp, | 215ᵈ
den guoten man und sîn wîp.
ir beider riuwe, ob diu sô stêt
daz diu sîn durch ir herze gêt
235 und diu ir hinwider durch daz sîn,
des gibe ich i*u* die triuwe mîn,
swer, âne got, die scheidet,
daz sich der got*e* leidet.
   Diu rede ist leider mir ein spel.
240 sælde diu ist sinewel
und walzet umbe als ein rat.
dô ich sî mit vlîze bat
daz sî mir ze wîbe
gæbe diu mînem lîbe
245 wære wol ze mâzen,
daz hât sî leider lâzen,
und hât mir ein wîp gegeben,
daz bî mir alle die nu leben
immer sî*nt* gebezzert.
250 mîn kunst ist vermezzert.
ich wânde ê ich genæme sî,
daz ninder zwô oder drî
lebe*ten* alsô guote.
des ist ir unzemuote

228 si*u*] sy *A* sie *H. Sch.*   230 clausenære *A* clôsenære *H.*
233/234 stê: gê *Sch.*   235 diu] du *A*   236 iu] in *A*
mîn: *Sch.*   238 gote *H.*] got *A Sch.*   239 ist mir
laider *A* mir laider *H.* ist leider mir *Sch.*   244 mîm
H. Sch. meinem *A*   249 sein *A* sîn *Sch.*   250
kunst *A H. Sch.*] kone et *Bch. (Zu vermezzert zuletzt*
W., S. 137; vgl. auch Br., S. 144 und S. 18, v. 122)
251/52 sey: drey *A*   252 nynndert *A H.* indert *Sch.*
inder *Bch.*   253 lebente *A* guote: *H. Sch.*

255 daz sî guoten wîben
    mit lobe well bî belîben.
      Maneger sagt von Witegen nôt
    (nu vernemet ouch die mîn durch got)
    und sagt von Dietrîche:
260 der nôt wac ungeliche
    der mînen, des ich wæne.
    sie vâhten daz die spæne
    von ir schildes rande stuben
    und sich diu breter gar zerkluben;
265 ir helme wurden fiuwerfar:
    dar under in doch niht enwar.
    sus vâhten sî vil manegen tac,
    daz ir deweder nie gelac
    tôt von swerte noch von sper.
270 der vaht hin und jener her;
    einer sluoc den andern nider,
    so erholt sich diser des hinwider
    und sluoc den andern ûf diu knie.
    sî vâhten alsô daz sî nie
275 von swertslegen wurden wunt.
    diu nôt der mînen ist unkunt:
    ich bin wol fünf und vierzic stunt
    von mînem wîbe worden wunt,
    âne stôzen gên dem kropfe
280 und roufen hâr ûz dem schopfe:
    der zühte ist âne mâzen vil,
    dâvon ich nû niht sprechen wil.
      Ich hête niht sie
    ganzer tage drîe
285 (ein unzuht sî mir nie vertruoc):

255 sî bî *H. Sch.*   256 wellen bey bel. *A* welle belîben
H. Sch.   257 Weittegen *A*   258 vernempt *A*
meine *A*   259 Dieterîche *H.*   260 note *A*   was *A*
262 *(s. Hm., S. 295 ff.)*   265 feurfar *A*   267 sust *A*
269 swerten *A*   277 *Absatz A*   279 *(s.
SchA., S. 81).*   280 schopfe *Sch.* kophe *A H.*
281 on *A* vil,] vil; *H.* vil. *Sch. (s. Hm., S. 297)*   282
nû *C. Sch.*] iu *H.* euch *A*   283/284 sey: drey *A*
285 *Die Klammer nach C. H.*

mit einem knütel sî mich sluoc
ob dem ougen durch daz hirn
niwan umb ein gebrâten birn.
die zuhte ich ir ûz einer gluot;
290 dô sluoc sî mich daz mir daz bluot
ûf die füeze nider ran.
niwan daz ich ir entran,
ez wære gewesen dô mîn tôt.
daz *was* von ir mîn êrstiu nôt.
295 Swenne ich nâch gewinne var,
so ist durft daz mir der mûsar
über die strâze fliege
und mich des niht entriege.
ob ich ir niht enbringe,
300 lanc breit ist ir swinge
und ist hagenbuochîn;
die sleht sî durch daz houbet mîn.
daz selbe tet sî hiure.
sô getâne âventiure | 215e
305 wârn hern Walthern unkunt,
dô er und mîn frou Hildegunt
fuoren durch diu rîche
alsô behagenlîche.
vernemt durch iuwer hövescheit:
310 daz *was* von ir mîn ander leit.
Ich saz eins tages unde dahs:
dô viel ein wênigez *vl*ahs
in die gluot ûf einen kolen.
von ir zorne muoste ich dolen
315 grôzen schaden âne frumen:
si sluoc ze zwein hundert drumen
daz *dehs*schît über mînen kopf,

---

287 dem *A* den *H. Sch.*   288 nun *A* geprattne *A*
289 zugkhet *A* zukte *H.*   292 niwan] nun *A*   294
was] ist *A H. Sch.*   298 entriege *Sch.* triege *A*   299
empringe *A*   303 hewre *A*   305 Waren *A* herren
A H. hern *Sch.*   307 die *A*   309 *Absatz A*   310 was]
ist *A H. Sch.*   311 *Kein Absatz A*   Ich] si *A H. Sch.*
dahts *A*   312 *Sch. vermutet:* weniger vlahs] wachts *A*
vahs *H.*   316 zway *A*   317 dehsschît *Bch. Sch.*]
scheit *A H.*

daz ich gie umbe als ein topf
und *sturzte* ir under die füeze nider.
320 dâ lac ich lange ê daz ich wider
mich kûme ûf gerihte.
sî nam ze mîner gesihte
in die hant daz *veige* schît
und sluoc mir eine wunden wît
325 mit dem dehsîsen.
durch nôt muoz ich grîsen
und alten ê vil maniger tage.
daz *was* von ir mîn drittiu clage.
    Ez ist noch ein kindes spil,
330 dâ wider ich nu sprechen wil
von dem vierden kampfe.
daz geschach bî einem stampfe,
dâ lac inne brîe.
dô hiez ich ni*uwe*n sîe.
335 dô sprach sî ‚nu niu cuch duo!'
ich sprach ‚jâ niuwe ich iezuo!'
dô sprach sî ‚waz ist umbe diu ?
stant ûf balde unde niu!'
ich sprach: ‚nein ich entriuwen!'
340 sî sprach ‚jâ muostu niuwen'.
vor grimme ich die hende krampf
und trat oben ûf den stampf.
vor vorhten und vor riuwen
muost ich den brîen niuwen.
345 ich hete in baz genouwen,
het sî mich niht zeblouwen.
daz ich *ir* niht guotes nou,
daz was des schult, daz sî mich blou.
ez erwande ir bliuwen

319 stosset *A* die *fehlt H. Sch.*   322 mein *B.* sihte *H.*
323 veige *H.*] vorig *Sch.* (*s. Bch., S. 46, SchN. S. 93,
aber W., S. 138)*   325 dehse eysen *A*   328 was]
ist *A H. Sch.* ir *A*] mir *H.*   333 lage *A*   333/34
prey: sey *A* 334 niuwen] nun *A*   335/36 du: ytzu *A*
340 nawn *A*   346 het sî] hetes *H.*   347 ir] in *A*
fehlt H.   348 daz was des *A H. Sch.; besser wol* des
was daz (*ebenso* 596).

350 an mir vil schœnez niuwen.
Welt ir nu merken hie zehant
waz mich des niuwens hât erwant?
ich bat sî treten hinder sich:
sî sprach ‚ich lieze ê hâhen mich!
355 dô sprach ich ‚daz wirt et duo!'
zehant griffen wir darzuo.
ich begunde zucken
den schürstap, sî die krucken.
ich wil niwan der wârheit jehen:
360 sî liez mich nie ûf gesehen;
mit swinden slegen sî mich treip
unz ich bî der tür beleîp.
iedoch gap mir got die maht
daz ich alsô hinwider vaht:
365 ich sluoc slac nâch slage
(ez ist wâr daz ich iu sage);
dô ich sî treip unz an die banc,
zehant tet sî den widerwanc:
‚lâzâ nâher rucken!'
370 dô vazte sî die krucken
vaste in beide hende;
sî sluoc mich ûf die lende.
den andern slac sî erreit
(daz was mir dô und immer leit)
375 und traf mich hinden ûf den bürel,
daz mir emphiel der ovenstürel.
sî sluoc ie den andern slac
daz er für den êrsten wac,
unz si mich treip an den oven.
380 dâ strûchtes über einen schroven

352 newen A   353 sich B. Cbl.] mich A H. hindersich
Sch.   354 haben A   mich Bch.Sch.] dich A H.
355 wirde A H.   356 greyffen A   358 vnd sy A
359 niwan der] nun die A   364 vaht; H. Sch.
366 euch A   367 dô Sch.] da A daz H.   banc. H.
369 lasse naher rucken lasse naher rugken A   373
erreit H. Sch.] berait A   375 pyrel A   377 Ab-
satz A   378 êrsten] êrren Sch N., im Text² aber wieder
êrsten   379 unz] vnd A   380 strauchte sy A
strûchtes H. Sch.

und sluoc mir der | krucken ort   215ᵗ
durch daz houbet daz ich mort
vil nâhen von dem slage was;
doch half mir got daz ich genas.

385   Tispê unde Piramus
gevohten wênic habent sus,
diu sich durch minne stâchen
und enwesten waz siu râchen.
der site ist nû verkêret,

390   des sî got immer gêret:
bî diser zît ligt nieman tôt
von minne noch von seneder nôt.
der rîche senet sich umb den wîn
mêr dan nâch der frouwen sîn;

395   sô hât der arme senede nôt
tägelîchen umb daz brôt.

     Ich gedâhte in mînem muote
,herre got der guote!
sol mir ein wîp an gesigen

400   und vor ir sigelôs geligen?
daz ist schade unde scham!'
ein schît ich ab der âsen nam.
dô was ouch ir diu krucke enzwei:
sî nam daz lenger drumzei,

405   und vâhten eine schanze.
ich wær bî einem tanze
die wîle michels baz gewesen
od ich hiete tiutsche gelesen
von dem werden Parzivâle,

410   ê daz ich die quâle
von ir slegen hiete erliten.
alsô vil wênic hât gestriten
Êrec mit frouwen Ênîten

382 ich not mort *A*   387 die *A*   388 sy *A*   389
site *Sch.*   390 geeret *A*   392.395 senender *A H. Sch.*
393 umbe *H.*   396 umbez *H.*   400 geligen, *Cbl. H.*]
ligen, *A H.*   403/404 enczway: drumb zay *A* drumzei
H. enzwein: drumzein *Sch. nach einem Vorschlag von
Schatz.* drum und scheri *W. (S. 139f. mit Verweis auf
v. 617f.)*   412 erstriten *A*   413 frawen *A (H.)* froun *Sch.*

mit prügeln und mit schîten.

415   Hœret aber alsam ê:
dô ergie wê unde wê
von mînem wîbe und von mir.
sî traf mich, daz galt ich ir.
sî sluoc slege ungezalt,

420 vil kûme ich ir den dritten galt.
ir spil stuont zallen gelten,
ich verbôt ez vil selten.
sî trat mir zuo mit île,
sî liez mir nie die wîle

425 daz ich ez eines hiet verboten.
sî hiez mich dicke zochen, kroten
daz ich mich torste gewern.
sî sprach ,jâ kan dich niht ernern
vor mir, wan ich dîn meister bin.'

430 zehant warf sî die krucken hin
und underlief mir daz schît
(daz klagte ich dô und immer sît)
und sluoc mir einen mûlslac
und warf mich rehte als einen sac

435 bî dem hâre under sich.
sî kratzet unde sluoc mich
mit der fiuste in den munt.
sô getaniu minne unkunt
was dem herren Ênêas

440 dô er von Troye komen was
ûf die burc ze Kartâgô
zuo der frouwen Dîdô,
    Sit ich ir êrste künde vie,
sît des selben tages nie

445 ir hazzes wider mich zeran.
sî saz eins âbents unde span,
ich was von einer hôchzît komen.

415 *Kein Absatz A*   416 ergieng *A*   421 ze allen
A H.   425 ainest *A*   426 zohenkroten *H.* zochen-
kroten *W. (Vgl. B. zur Stelle.)*   429 von *A* dann *A*
431 vnderlof *A*   434 ein *A*   435 undersich *Sch.*
439 *Sch. vermutet* hern   440 Troyen *A*   442 Tito *A*
443 *Kein Absatz A*   444 ye *A*   445 gegen *H.*

dô sî daz het vernomen,
gegen mir sî balde lief,
450   mit den armen sî mich umbeswief:
sî wânde deich ir bræhte guot,
des truoc sî mir sô holden muot.
sî kuste mich mêr danne zwir,
sî sprach ‚wis *gote* unde mir,
455   trûtgeselle, willekomen!'
dô sî daz hete vernomen
daz ich ir niht brâhte,
zehant ich ir versmâhte;
sî lie die hende slîfen dan
460   und sach mich harte dwerhes an.
alrêrst ich mich ver|sinnet   216ᵃ
daz sî mich sêrer minnet
umb mîn guot dan umbe mich.
sî spranc vil übellîch hinder sich:
465   warumbe hâst du mir niht brâht?
und ist dir ninder des gedâht
wes ich sol leben und dîniu kint?
wærens künege die hie inne sint,
du genüzzest ir sô kleine
470   sam ob wir wæren eine.
du emphindest mîner tucke.'
sî vie daz überrucke
und swanc ez von der hende,
alsó daz ich den ende
475   vil nâhen het aldâ genomen,
und wærez an die want niht komen.
doch traf mich der rocken ort,
swie verre ich sæze von ir dort,
alsô sêre an den giel,
480   daz mir der gloube gar emphiel.

---

451 daz ich *A* deich *H. Sch.*   454 bis gotwilkumen *A*
456 hête *Sch.*   460 durschs *A*   464 spranc] *so*
überall, auch Sch., der vorher sprach *vorgeschlagen hatte.*
vbelîchen *A*   hindersich *A* Sch.   466 nynndert *A*
468 waren sy *A*   hynne *A*   469 geneussest *A* geniuzest
H.   471 *Absatz A*   471/472 ducke: vberrugge *A*
472 vienc *A H.*   480 gloube, *das Credo (Hm., S. 299).*

sus gelac ich bî der wende.
mit ir wîzen hende
Ysalde, der sælden krône,
diu sich ie vil schône

485   behüetet hât vor schanden,
jâ wæne sî Tristranden
selten sluoc mit rocken
noch gezogte bî den locken
ûf die füeze nie ze tal,

490   als mich diu mîn âne zal
vil dicke hât geswenket.
swer marteræere gedenket,
der lâze ouch sich erbarmen
über mich vil armen.

495   Welt ir nu hœren mêre
von grôzem herzensêre ?
ich kom aber eines tages
(des wart ich herre maneges slages)
leider guotes læere.

500   dâvon leit ich swæere;
die mac ich lange zeigen.
stürb ieman wan die veigen,
sô wæere ich tôt vor maneger zît.
hie gât ez ûf einen strît:

505   ez was ir itewîzen:
,waran sol ich enbîzen
oder gên dem âbende ezzen ?
dîn hât got vergezzen'
sprach sî ,vor mîner hende.'

510   dô zuhtes von der wende
ein liehtschît, daz was swæere.
hie gât ez an ein dæere,
dâ wart lachen tiure.

---

481 sust *A*   483 Sælden *H*.   487 sluge *A* (*Sch.*
vermutet slüege)   488 auch gezugte *A*   489 nie
A] *Sch. vermutet* hin zetal   490 als ich die mynne *A*
mîne *H. Sch.*   495 mare *A*   498 *Klammer W.*
500 lidt *A*   502 dan *A*   506 war abe *H.*
ich *fehlt A*   507 od *H. Sch.*   510 zugkte sy *A*
512 gât *A H.*   dære *A* (*Bch., S. 47*)] mære *H.*

doch gab mir got ze stiure
515 ein eichen übersticke
und einen stuol, der dicke
was *und* niht ze swære;
der wart mîn buckelære.
mir wære dâ schade gewahsen,
520 ni*w*an daz ich ze Sahsen
wîlen lernte schirmen.
sî liez mich nie gehirmen.
den stuol ich dicke für mich warf;
doch sluoc sî mich daz ich mich snarf
525 bî dem buckelære,
swie nütze et er mir wære.
　Hiete meister Hildebrant
so sêre verhouwen schildes rant
als sî mir den stuol zersluoc,
530 daz wære et im vil und genuoc.
sî ist her Dietrîch ze mir:
ouwê daz ich gegen ir
niht her Witege werden mac!
so gülte ich ir den dritten slac.
535 mit slegen tet sî mir vil wê,
noch drîstunt dicker dan der snê
ûz den lüften *rêret* sich.
mit dem schîte sluoc sî mich
ûz disem winkel hin in jenen,
540 sî kunde slac nàch slage denen:
sî sluoc mich hin, sî sluoc mich her,
mit slegen treip sî mich entwer,
sî sluoc mich wider unde für,
sî sluoc mich ûz zuo der tür,
545 sî sluoc mich verre in den hof.　216ᵇ
ez gesluoc nie kein bischof

515 uberstiche *A (Bch., S. 47)*.　517 und] mit *A*　518
warde *A*　520 nun *A*　521 weylent *A (H.)*　522
liesse *A*　527*Kein Absatz A*　531 Diettrich *A*
Dieterich *H*.　532 gen *A*　533 Weittegen *A*　537
rêret *Sch.*] erhebet *A H.* drêbet *W.*　544 ze *A*　546
geschuof *A Sch.* gesluoc *H. Hm. W. (zuletzt W.,*
S. 141)

sundære sô gedîhte
mit besmen an der bîhte,
sô sî mich mit dem schîte sluoc.
550 sî sluoc daz ie der slac getruoc
slac nâch slage über rucke.
ich het dâ z' Insbrucke
vil guoten Bôzenære
getrunken für die swære
555 und für die grôzen arbeit
die ich von ir slegen leit.
    Dô sî kom an die wîte,
sî trat mir mit dem schîte
mit slegen zuo ie baz und baz.
560 mîn selbes ich doch niht vergaz:
ich begunde zecken
hin wider mit dem stecken,
unz ich sî treip an den stadel.
zehant wart ich âne wadel
565 die widervart gelecket.
ir slac unsanfte smecket:
des wart ich vil wol gewar.
sî sluoc mir ûz dem stuole gar
der vier stecken drîe.
570 solt ich niht fürhten sîe,
sô wære ich gar ein tôre.
der ein fuor an mîn ôre,
daz ez dar nâch vil lange sanc.
der ander stecke nam den swanc
575 daz mir diu nase bluote.
got vor schaden mich behuote.
der dritte fuor an mîn kinne.
alsô getâner minne

---

547 den *A H*. sundern *A Sch.*   550 trug *A H.*   551
schlach schlage *A* slac nâch slage *H. Sch. (trotz Sch N.*,
S. 93 f.)   552 ê dâ *W*. ze Insbrucke *H.*   557 kam
A H.   561/562 zechin: stechen *A*   562 den *H.*
trotz Sch N., S. 93   564 f. *(vgl. Bch., S. 48 f.)*
565 glechet *A*   569/570 drey: sey *A*   571 gar
Sch., fehlt A H.] wol *Sch N.*   575 die nasen *A*   576
schanden *A (Zu* behuote *s. Hm., S. 301).*   577 drite *H.*

wâren diu gelieben erlân,
580 Gahmuret und Belakân,
diu dô Feirefîzen,
den swarz unde wîzen,
gebar von sîner frühte.
sî phlac sô schœner zühte
585 und was sô wîplîchen guot,
het er durch sînen frechen muot
die dannenvart niht genomen,
er wære nimmer von ir komen.
    Hie gât ez an ein strîten
590 mit prügeln und mit schîten.
gesâhet ir solh vehten ie ?
mit drischelslegen ez hie gie.
ich hetez nâch, sî hetez vor,
sî treip mich vaste unz an daz tor.
595 daz ich ir slegen niht enpflôch,
daz was des schult: der zûn was hôch,
daz tor was verslozzen,
ein rigel für geschozzen.
dô gedâhte ich als ein man tuot
600 der beide lîp unde guot
ûf die wâge setzet.
mîn zorn was gewetzet
gên ir zorne, der was scharf.
vil sæliclîchen ich gewarf:
605 mit dem stecken ich sî traf
daz ir daz bluotige saf
ûz wischte durch ganzez vel;
des wart sî als ein tôte gel.
ich wânde ich het sî nider brâht;
610 des ir doch ninder was gedâht:
sî sluoc ûf mich sô dicke,
daz mir des fiures blicke

579 weren die liebe leute *A*   580 Bellican *A*   581
Feravisen *A*   582 swarzen vnd den wîzen *A H.*
Sch.   583 frühte, *Sch.*   589 geet *A* strîten. *H.*
590 schîten *H.*   591 solhs *A* nie. *H.*   592 dri-
scheln slegen *A*   593 het es *A*   598 darfur *A H.*
604 seliclich *A*-lîche *H. (Zu gewarf Sch N., S. 91).*
607 ir glanzez *H.*   612 mir] mich *A*

vor den ougen glesten.
mit starken slegen vesten
615 treip sî mich gên der krippe
und sluoc mir eine rippe
mitten ûf der brust enzwei.
‚lâzâ hin niht!' sî dô schrei,
‚ez ist ein anegenge noch.'
620 sî vazte in beide hende daz bloch;
mit slegen tet sî mir vil wê,
noch drîstunt dicker dan der snê
ûz den lüften snîte
sluoc sî mit dem schîte
625 ûf mich slege âne zal.
heiâ wie slac nâch slage hal!
der stuol hete sich zerkloben
der stuol von slegen wær zerstoben,
wan durch den stuol was ein wim|mer.
630 sî hete mirz vertragen nimmer   [216ᶜ
daz ich ie gevaht gên ir;
wan der stuol, so hiet sî mir
daz houbet mîn zerslagen gar.
der stuol was mîn lîpnar,
635 der stuol was mîn houbetdach,
der stuol für slege mîm gemach,
der stuol was mîn swertes brief,
den stuol ich dicke für mich swief,
der stuol was mîn bester trôst.
640 wan der stuol sî het belôst
mich des mînes verhes;
wan der stuol, vil dwerhes
wær mîn dinc gestanden;
wan der stuol ze schanden

616 ein *A*   618 lasse *A*   schrei: *H. Sch.*   619 *Absatz*
A   620 vasset *A*   das *A*   dez *Sch.*   628 zesto-
ben *A H.*   629 wann *A* (*ebenso* 632/640) 631 *fehlt A ohne*
Lücke in der Hs. Sch. nach einem Vorschlag Zwierzinas
als Notbehelf: wan der stuol nert mich vor ir. *Eher wohl*
ein daz-Satz, etwa wie oben.   633 houbet mîn *Hm.*
Sch.] haubt nun *A* houbt niwan *H.* 640 der] durch den
A H. Sch. het sî *A Sch.*   642 der *H.*] den *A* durch den
Cbl. Sch.   644 der] durch den *A H. Sch.*

645 wære ich worden an dem tage:
    der stuol nert mich vor manegem slage.
    ich lobte den stuol, und künde ich, baz:
    ûf bezzern stuol nie man gesaz,
    bezzer stuol wart nie gebort;
650 wan der stuol ich het bekort
    von ir slegen den ende.
    ich emphie von ir hende
    vil biulen unde reize.
    der wellegen arweize
655 geschach nie sô wê im kezzel.
    einen hirzînen vezzel
    den truoc ich niden umbe mich;
    den sluoc sî daz er zarte sich
    als ein marwez lindenblat.
660 gehôrt ir ie der nœte gat
    die sî mir tet und die ich leit?
    mîn roc, mîn wambîs noch mîn pheit
    mit slegen sî wênic sparte;
    daz sluoc sî daz ez sich zarte
665 hinden unde vor hinabe.
    doch traf ich sî mit dem stabe
    niden an den schenkel,
    ich sluoc sî ûf daz enkel
    daz ez ir nâch was ûz dem lide.
670 zwischen uns was der fride
    leider dô vil tiure.
    mir galt diu ungehiure
    sô gâhes an der selben stunt:
    het ich entlihen ir ein phunt,
675 si wære mir vil selten
    sô willic mit ir gelten.
      Manic man der schiltet
    ob man im niht engiltet:
    ich het sî nie bescholten,

647 *Absatz A*   650 der] durch den *A H. Sch.*   653 biulen *Sch.*] pukel *A* bühel *H.*   662 roc wambîs *A H.* 664 deiz *H. Sch.*   671 dô] da *Sch.*   674 ettlichen *A* ir *A*] in *B.*   676 willic gewesen mit *A*   677 *Kein Absatz H.*

680 het sî mir niht vergolten,
und hete ez lâzen âne zorn.
sî galt mir hinden unde vorn,
sî galt mir oben unde niden,
daz ez mich swar ûf allen liden.

685 ir enkel sî mit willen galt.
sî sint immer ungezalt,
ir slege ûf mich zewâre.
ez ist in dem jâre
ninder alsô manic tac,

690 noch drîstunt sô manegen slac
sluoc sî mir nâch dem kopfe.
ez gewan nie topfe
von geiseln solhen umbeswanc
als sî mich âne mînen danc

695 mit slegen umbe und umbe treip.
gehôrt ir ie wie Dietleip
mit dem merwîbe vaht
den langen tac unz an die naht?
daz leben im nieman gehiez.

700 sî schôz ein stähelînen spiez
breiten unde wessen,
gesmidet von siben messen,
als der tihtære sprach,
in die erde, daz in nieman sach,

705 dô sî sîn wolte râmen.
die sælde in dâ von nâmen
und sîn snelheit, diu was grôz,
daz sî in ze tôde niht enschôz.
daz ich von disem wîbe

710 mit lebendigem lîbe
kom, daz was ein zeichen.
swâ sî | mich erreichen   **216^d**
mohte mit der zochen,
wol über drî wochen

684 swer A 685 Absatz A 693 Vor A 696 ye ge-
sagen wie A (Vgl. Hm., S. 302 f.) 700 einen stahlin
A 701 beraiten A 702 (Zu messen Hm., S. 304).
706 salde A Sælde H. 708 schoss A 710 mit
disem lebentigen A 711 kam A H.

715 moht man die biule vinden
vorne unde hinden.
    ,Sol mich tœten ditze wîp?
nu ist mir guot noch *der* lîp
bî dirre konen niht gegeben:
720 ich sol ouch fürbaz geleben
einen tac nimmer mêre.
mîne friunt haben des unêre!'
gedâhte ich tougenlîchen.
ich liez et an sî strîchen
725 mit slegen alsô dicke;
mit einem übersticke
traf ich sî vor an den kopf.
ich sprach ,verdeust du disen kroph,
du maht ezzen ungesoten
730 nâternzagele unde kroten
und alliu eiter trinken.'
ich het den einen schinken
leider mir erbaret;
dâ het si mîn gevâret:
735 als ez z'unheile mir ergie,
sî sluoc mir ûz dem zeswen knie
des slages die knieschîben.
sî sprach ,liez ichz belîben
mit dem einen smerzen,
740 vor freude möhtst du scherzen:
des ich weizgot niht entuon,
ez wirt fride noch stætiu suon
weizgot nimmer zwischen uns zwein.
waz von diu, ist dir ein bein
745 von mînen slegen worden lam?
dir geschiht an dem andern sam.

715 mocht *A*   peul *A*   718 der *fehlt A H*.   719 bî dirre
Bch. Sch.] beyde ze *A H*.   721 nimmermêre *Sch*.   722
friunde habents unêre *H*.   724 liesse *A*   726
vberstiche *A*   728 ich *Sch. W*.] sy *A H*.   729
magst in *A*   730 natern zagl *A* nâtern, egel *SchN*.
(dazu *W*., *S. 142f.*).   733 enbaret *H*.   735 also
H.   740 freuden *A H*. mochst *A*   741 wissgot *A*
743 weizgot *von H. getilgt*.   744 von die *A*

ich slahe dir abe den rucke,
oder mir sol gelucke
daz wilde nimmer mêre
750 gefüegen guot und êre,
ich mache dir sô dwerhen munt
daz allen liuten wirt unkunt
ob sî dînen gelîchen
ie gesæhen in den rîchen.
755 alle gnâde ich dir versperre.
diu ougen ich dir ûz zerre
sam sî nîe dâ gewüehsen.
under mîner üehsen
trag ich dich hin ze Wienen.
760 und wilt du mir niht dienen
als einer frouwen tuot ir kneht,
dîn antlütze wirt sô sleht
sam nie nase kœme dran.'
Unser zweier friunde drî man
765 kômen dort geloufen her
und schieden uns bêde, als ein ber
der an einer lannen strebt,
dem gelîch sî dannoch lebt.
sî phnurrete jenen unde disen,
770 si gebârte als sî mit einem risen
dannoch het gevohten.
die drî man enmohten
niht erwenden sîe,
sî *enzuhtes* alle drîe
775 nâch ir wol vierdehalben schrit.
sî het dannoch ir unsit
vil gerne an mir erzeiget.
mîn leben wart geveiget,
wær an den selben zîten
780 niht gescheiden unser strîten.

748 ze lugke *A*   749 nimmermêre *Sch.*   751 zwerhen
A   754 gesahen *A H.*   758 meinen *A (Sch.)*
761 tuot ir kneht *Sch.*] thut ir aigen kn. *A*   ir eigen kn.
H. W.   763 kam *A* kaeme *H.* dar an *A*   766
bêd *A fehlt H.* ¡773/774 sy: drey *A*   773 sîe: *H. Sch.*
774 zuchtens *A* zuhtes *Sch.* zuktes *H.*   779 war *A*

Man mohte lîhte mich gehaben.
man muoste mich mit wazzer laben.
dô ich von dem strîte gie,
ein altez wîp mich gevie;
785   der seic ich underhant zetal.
ich was bleich unde val:
dar under was diu vilwe
gemischet mit der gilwe.
sus lac ich als ein tôte.
790   ez lief ein kneht genôte
balde hin nâch wazzer:
schiere kom er alsô nazzer.
betoubet lac ich âne sin;
doch gôz man mir daz wazzer in.
795   ich blihte | ûf mit armen staten.   216ᵉ
sî sprach ,jâ trûwe ich dich gesaten
strîtes wol mit mîner craft.
væht ich mit al der heidenschaft
sô gar âne sorgen,
800   ich næme daz kriuze morgen.'
   Dô wir alsó gesniten
waren unde sus gestriten
den strit zwischen uns beiden,
dô wurden wir gescheiden.
805   sî saz dort, ich saz hie:
diu ougen sì an mich verlie
vil ungüetlîche
dô sprach ich ,got der rîche,
die nôt lâ dich erbarmen.
810   ouwê mir vil armen!
waz rechet ir, frouwe, an mir?'

---

781 *Kein Absatz H.* mohte *A*   782 mit dem w. *A*
785 vnnder der hant *A* under hant *H.*   787/788
wilwe: gilbe *A*   789 sunst *A*   795 plickte *A (H.)*
796 trau *A* triuwe *H.*   798 vacht *A*   800 nam *A*
daz *H.*   801/802 *Die Handschrift und alle Herstel-*
lungsversuche sind sachlich oder metrisch unzureichend.
801 gestriten *R. W.* gerihten *SchN.* genihten *Sch.*
802 waren unde sus *H.*] und daz sî *A Sch.*   gestriten
A] gesniten *R.* versniten *W.* geslihten *Sch.*

sî sprach ‚hâst du rede in dir?
mich müet dîn klaffen sêre.
swîc! du muost unêre
815   mit schaden laden in daz hûs.'
dô sweic ich alsam ein mûs
und redet dô niemêre,
wan ich vorhte sêre,
ob ich ein wortel spræche,
820   daz sî den fride bræche.

816 swig *A*   817 rede *W*. nymere *A* nimmer *H*.
819f. spreche: breche *W*. *(W. betrachtet das Gedicht als
unvollendet und versucht v. 816ff. als Schlußworte des
Schreibers zu erklären.)*

Deutsche Texte

Herausgegeben von R. A L E W Y N und L. E. S C H M I T T kl. 8°

1. Der junge Herder

Herausgegeben von W O L F D I E T R I C H R A S C H
1955. 127 Seiten. Kart. DM 4,50

2. Gedichte des französischen Symbolismus in deutschen Übersetzungen

Herausgegeben von W O L F G A N G K A Y S E R
1955. IV, 144 Seiten und 25 Seiten Anhang, Kart. DM 6,80

3. Eine Auswahl aus Martin Luthers Schriften

Herausgegeben von H A N S V O L Z
1955. Etwa 160 Seiten. Unter der Presse

Neudrucke deutscher Literaturwerke

Begründet von W I L H E L M B R A U N E
Herausgegeben von R. A L E W Y N und L. E. S C H M I T T

1. M A R T I N O P I T Z
Buch von der deutschen Poeterei

Abdruck der ersten Ausgabe (1624). Herausgegeben von W. B R A U N E
Sechster Druck. Unveränderter Abdruck der vierten Auflage
1954. kl. 8°. VI, 54 Seiten. DM 2.—

Nr. 18 M A R T I N L U T H E R
Von der Freiheit eines Christenmenschen

Herausgegeben von L. E. S C H M I T T
Dritte Auflage. 1954. 8°. 90 Seiten. DM 3,60

Nr. 302 — 309 Grimmelshausens Simplicissimus Teutsch

Abdruck der editio princeps (1669) mit der stark mundartlich gefärbten,
nicht von einem berufsmäßigen Korrektor überarbeiteten Originalsprache
des Verfassers. Herausgegeben von J. H. S C H O L T E
Dritte Auflage. 1954. kl. 8°. X. 464 Seiten mit einer Abbildung
DM 11.50; Lwd. geb. DM 15.—

Minnesang des 13. Jahrhunderts

Aus C a r l v o n K r a u s' Deutschen Liederdichtern des 13. Jahrhunderts,
ausgewählt von H U G O K U H N
Mit Übertragung der Melodien von G E O R G R E I C H E R T
1953. gr. 8°. XI, 160 Seiten. DM 5,80

MAX NIEMEYER VERLAG TÜBINGEN